Bibliografische Information der Deutschen Nationalbibliothek:

Die Deutsche Bibliothek verzeichnet diese Publikation in der Deutschen National-
bibliografie; detaillierte bibliografische Daten sind im Internet über http://dnb.d-
nb.de/ abrufbar.

Impressum:

Copyright © 2009 GRIN Verlag, Open Publishing GmbH
Druck und Bindung: Books on Demand GmbH, Norderstedt Germany
ISBN: 9783640595990

Dieses Buch bei GRIN:

http://www.grin.com/de/e-book/149163/die-deutsch-polnischen-beziehungen-1933-
bis-1939

Sebastian Ketting

Die deutsch-polnischen Beziehungen 1933 bis 1939

GRIN Verlag

Technische Universität Dresden, Philosophische Fakultät

Institut für Geschichte

Proseminar: „Die internationale Krise im Sommer 1939"

Sommersemester 09

Die deutsch-polnischen Beziehungen 1933 bis 1939

Vorgelegt von: Sebastian Ketting

Studiengang: Lehramt Bachelor Geschichte / Gemeinschaftskunde

2. Fachsemester

Gliederung:

1. Einleitung

Deutschland und seine Nachbarländer- oft war dieses Verhältnis höchst zwiespältig. Auf Phasen der Verständigung folgten stets zwischenstaatliche Krisen, welche im Lauf der Geschichte nicht selten gewaltlos gelöst wurden. Allein deutsch-französische Kriege eskalierten drei Mal seit Bestand eines Deutschen Reiches, nämlich 1870, 1914 und 1940. Oft sind Auslöser solcher Kriege Angst, real existierende oder die vermeintliche Benachteiligung eines Beteiligten, wirtschaftliche Engpässe oder Missverständnisse. Von solch einer krisenbehafteten Zeit kann man auch während der Zeit der Weimarer Republik sprechen.

Die massiven territorialen und wirtschaftlichen Einschränkungen der noch jungen Republik sorgten für allgemeine Unzufriedenheit der Bevölkerung, und somit auch der Politik, über die Gesamtsituation und die einzelnen Bestimmungen. Zwar fand eine baldige Konsolidierung des deutschen Reiches auf diplomatischer Ebene statt, die später auch in der Aufnahme in den Völkerbund gipfelte, jedoch weigerte sich das Deutsche Reich stets gewisse Bestimmungen zu akzeptieren. Eine der bedeutendsten dieser ist die nie statt gefundene Anerkennung der deutsch-polnischen Grenze, wie sie in den Verträgen von Versailles festgelegt wurde.

Noch im Vertrag von Locarno 1925, zu den Zeiten des deutschen Außenministers Gustav Stresemanns, akzeptierte man zwar den Status quo der deutsch-französischen Grenze, jedoch lehnte man es ab, die bestehende Grenze im Osten des Deutschen Reiches endgültig anzuerkennen. Das Deutsche Reich wollte eine Revision dieser Grenze durch einen wirtschaftlichen Zusammenbruch Polens provozieren, indem es Zölle auf polnische Kohlenimporte ins Reich erhob. 1926 folgte jedoch eine wirtschaftliche Stabilisierung Polens unter Józef Pilsudski, welche die deutschen Pläne durchkreuzte.

Die Revision des Versailler Vertrages, inklusive der deutschen Grenzen, war auch Hitlers Ziel, als dieser Anfang 1933 an die Macht kam. Allerdings waren seine Methoden nicht diplomatischer, sondern militärischer Natur. In der Polenpolitik speziell und in seiner Außenpolitik allgemein zeigte Hitler stets zwei verschiedene Gesichter. Das eine friedensträchtig, diplomatisch und annähernd- das andere gewaltbereit, aggressiv und absondernd. So sind die Zäsuren im deutsch-polnischen Verhältnis während der NS-Diktatur einerseits integrativ, wie der Deutsch-Polnische Nichtangriffspakt 1934, andererseits.... als der deutsche Angriff auf Polen im September 1939 erfolgt.

Auf das Verhältnis in dieser Zeit möchte ich im Folgenden eingehen und festhalten, inwiefern sich das deutsch-polnische Verhältnis, bis in die Eskalation des Krieges entwickelt hat.

Ich halte es für sehr wichtig die Außenpolitik des Deutschen Reiches einmal speziell unter dem Aspekt des deutsch-polnischen Verhältnisses zu betrachten, da dieser Konflikt der Grund für Hitlers erste entscheidende Aggression zu Beginn des europäischen Krieges 1939 war. Natürlich zwang dieser Konflikt Hitlers letztendlich keinesfalls zu einem Angriff. Jedoch kann man von einer bereitwilligen Ausnutzung des bereits vorhandenen Konflikts sprechen.

Ich werde dabei zunächst auf die Beziehung der beiden Staaten schon in der Zeit der Weimarer Republik zurückgreifen, um später den weiteren Verlauf während der Zeit des Nationalsozialismus deutlicher aufzeigen zu können. Dabei werde ich mich weitestgehend nur Ereignissen widmen, die das deutsch-polnische Verhältnis betreffen, da alles andere den Rahmen meiner Arbeit sprengen würde. Gerade die Beziehungen zwischen dem Deutschen Reich und Großbritannien sind für den Gesamtzusammenhang sehr wichtig, jedoch möchte ich den *Scheinwerfer* ausschließlich auf die deutsch-polnischen Beziehungen richten und nur gelegentlich die deutsche Beziehungen zu den anderen europäischen Großmächten einblenden, wenn dies für die Erklärung meines Hauptthemas unumgänglich ist.

Für die verschiedenen Phasen sind die verschiedensten Bücher hilfreich. Um die Ausgangslage der Beziehungen beider Staaten zu erläutern war sicherlich Volkmar Kellermanns Buch über die Polenpolitik der Weimarer Republik sehr hilfreich, genauso wie für den Beginn der nationalsozialistischen Herrschaft Marie-Luise Reckers, als auch Rainer F. Schmidts Werke hilfreich waren. In der Endphase der Vorkriegszeit werde ich mich neben Schmidt, auch auf Charles Bloch beziehen.

2. Die deutsch-polnischen Beziehungen 1933-1939

2.1. Die Endphase der Weimarer Republik

Um die Entwicklung der deutschen Außenpolitik im Bezug auf Polen besser verstehen zu können, lohnt es sich, die Polenpolitik der Weimarer Republik in ihren letzten Jahren zu betrachten.

In den auf Locarno folgenden Jahren schlossen sich immer wieder Diskussionen um die deutsche Minderheit im polnischen Staatsgebiet an, und inwiefern diese benachteiligt sei. Ein Beispiel für den ständigen Diskurs ist Polens Versuch, beim Liquidationsabkommen am 31.

Oktober 1929 vor dem Völkerbund, die deutsche Formulierung als eine Anerkennung der Ostgrenze auszulegen.[1]

Trotz dieser Entwicklung fanden stets rege Handelsbeziehungen zwischen beiden Ländern in dieser Zeit statt. Am 18. März 1930 wurde sogar eine Verstärkung der Handelsbeziehungen durch den deutschen Reichstag ratifiziert, durch die das Deutsche Reich landwirtschaftliche Hilfe durch Polen in Anspruch nahm. Beispielsweise importierte man 50% mehr Schweine, also nun 300 000 und 350 000 Tonnen Kohle vom Grenznachbarn.[2] Gerade im konservativen Lager der DNVP, NSDAP und „Stahlhelm" stieß die Inanspruchnahme dieser Hilfe auf harsche Kritik. Speziell der „Stahlhelm" agitierte in der Zeit der Weimarer Republik oft sehr aggressiv für eine Rückeroberung der östlichen Gebiete.

Durch die nationalistisch aufgeladene Stimmung in der Polenfrage in Deutschland angetrieben, welche ihre Ursachen auch im Verlust der Vormachtsstellung Deutschlands hatte, versuchte Pilsudski im Oktober 1931 den amerikanischen Präsidenten Hoover davon zu überzeugen, in Deutschland, quasi präventiv, einzumarschieren. Wie allgemein bekannt ist, hat es diesen Präventivschlag, auch später, als ein tatsächlicher Angriff akuter bevor stand, nie gegeben.

2.2. Beginn des nationalsozialistischen Einflusses

Wenn man über Hitlers Buch „*Mein Kampf*" spricht, dann ist eine der zentralen Thesen, die darin beinhaltet sind, der so genannte *Lebensraum im Osten* und die „"rassische" Umgestaltung des deutschen Machtbereiches"[3]. So gesehen war für die zahlreichen Leser innerhalb Deutschlands abzusehen, wie sich Hitlers Außenpolitik, gerade im Bezug auf Polen, darstellen würde.

Als Adolf Hitler am 30. Januar 1933 die Macht im Deutschen Reich erlangte, war auch für Polen sofort klar, dass man es nun mit einer höheren Stufe von Aggressivität zu tun hatte, als noch in Zeiten der Weimarer Republik. Vorher noch moderat und manchmal undurchsichtig für Polen, stand ihnen nun ein Kontrahent gegenüber, der seine Ziele klar und offen formulierte. So geschah es schon im Sommer 1932, als Hitler seine außenpolitischen Ziele, vor seiner späteren Amtszeit, schon einmal intern umriss. Zu seinem Machtkern, zu dem alle Deutschen zählen sollten, schloss er auch die westpolnischen Gebiete ein, die zu diesem Zeitpunkt aber *noch* nicht zum deutschen Territorium zählten. Am 3. Februar 1933 sprach

---

[1] Vgl. KELLERMANN, Volkmar: Schwarzer Adler Weißer Adler. Die Polenpolitik der Weimarer Republik, Köln 1970, S. 114.
[2] Vgl. KELLERMANN, Volkmar, 1970, S. 114.
[3] RECKER, Marie-Luise: Die Aussenpolitik des Dritten Reiches, München 1990, S. 5.

Hitler bereits von „Eroberung neuen Lebensraums im Osten und dessen rücksichtlose Germanisierung".[4]

Auch weiterhin wurde diese Debatte und die Spannung durch die politische Elite des Reiches aufrecht erhalten, wie Außenminister Neurath es im Kabinett am 7. April 1933 sagte, um das Absterben des Interesses der Welt an der Revision der deutsch-polnischen Grenze zu verhindern.[5] Zentrum dieser Diskurse war immer wieder der Korridor zur Freien Stadt Danzig, welchen das Deutsche Reich für sich gewinnen wollte. Immer wieder zeigte die SA in Danzig und den Grenzgebieten große Präsenz, was zu einer Unruhe in der polnischen Bevölkerung und dem Parlament, dem Sejm, führte. Der Führung, unter anderem unter Außenminister Beck, blieb in dieser Situation ruhig, bis die Zeichen für einen Putsch im besagten Gebiet deutlicher wurden. Staatschef Pilsudski verlegte darauf unter anderem polnische Offensivverbände in das Krisengebiet. Auch Frankreich wurde alarmiert und zu einer *Strafintervention* gebeten. Dazu wäre Frankreich, auch unter dem Eindruck der ersten Meldungen über Judenverfolgungen, zu diesem Zeitpunkt bereit gewesen.

Hitler befahl alle Aktionen abzubrechen, denn seinen Plänen stand zudem der polnisch-sowjetische Vertrag entgegen, sowie der Fakt, dass das deutsche Heer noch nicht für einen Krieg bereit war. Dies wurde in der Tat durch Reichswehrminister Blomberg geprüft, worauf Generalstabschef Adam darlegte, dass dies zu dieser Zeit ein aussichtsloses Unterfangen sei.[6]

Angesichts dieser Lage entschloss sich die deutsche Führung, ihren Kurs vorläufig auf einen kooperativeren einzustellen, sprich sich zurückhaltend und verständigungsbereit zu geben. Beispielsweise bot Hitler darauf allen Völkern an, die Vergangenheit abzuschließen und Göring ordnete an, dass sich die SA in Danzig forthin nicht mehr in Uniform präsentieren sollte.[7] Doch das konnte Polen nicht vollständig beruhigen, denn das Deutsche Reich suchte gleichzeitig eine Annährung an die Sowjetunion, welche sich aber nach und nach von revisionistischen Zielen, aus Angst eines weiteren Weltkrieges, distanzierte. Auch die seit dem ersten Weltkrieg guten Beziehungen der Heere beider Nationen wurden durch die sowjetische Seite gelöst.

Am 17. März 1933 legte Mussolini „das Projekt eines Viermächtepaktes zwischen Großbritannien, Frankreich, Italien und Deutschland"[8] vor. Dieses Bündnis sollte auf eine Revision der Versailler Verträge hin arbeiten, was auch den polnischen Korridor betrifft.

---

[4] KELLERMANN, Volkmar, 1970, S. 158.
[5] Vgl. WENDT, Bernd Jürgen: Deutschland 1933-1945. Das „Dritte Reich" - Handbuch zur Geschichte, Hannover 1995, S. 383.
[6] Vgl. KELLERMANN, Volkmar, 1970, S. 160.
[7] Vgl. KELLERMANN, Volkmar, 1970, S. 162.
[8] OVERESCH, Manfred/ SAAL, Friedrich Wilhelm: Das III. Reich 1933-1939. Eine Tageschronik der Politik- Wirtschaft- Kultur, Augsburg 1991, S. 31.

England war bereit, die Angliederung des Korridors an Deutschland zu akzeptieren und selbst Frankreich war unter dem Vorbehalt des Austausches mit seinen Verbündeten davon zu überzeugen. Dies bedeutete eine große bevorstehende Gefahr für Polen, durch welche man sich wiederum gezwungen sah, militärische Vorbereitungen in Form von *Grenzschutzkorps* anzustellen. Zudem fanden in Polen Pogrome, Boykotte und Demonstrationen gegenüber den dort ansässigen Deutschen statt. Trotzdem, dass Pilsudskis Noten an die Westmächte zur Hilfe unbeantwortet blieben, fühlte sich Hitler noch immer nicht stark genug für einen Krieg und versicherte dem gemeinsamen Verbündeten Frankreich, dass keine Gefahr eines Krieges bestünde. Dies bekräftigte Hitler nochmals in der so genannten *Friedensrede* am 17. Mai 1933, in der sich der deutsche Reichskanzler als Verständigungspolitiker gab und Polen den Dialog anbot.[9]

Durch diese Turbulenzen und das Geschick der französischen Führung war im endgültigen Text des Viermächtepaktes die Revision des Versailler Vertragswerkes nicht mehr enthalten, da Frankreich verschiedene, im Völkerbund geltende, Artikel als unveränderlich durchgesetzt hatte. So war aus der ursprünglich rechtlichen Bestätigung der deutschen Position das genaue Gegenteil geworden und die anfänglichen Inhalte nie in der Realität ratifiziert.[10] Die Angliederung der polnischen Westgebiete stellte sich deshalb nun noch diffiziler dar.

2.3. Deutsch-polnischer Nichtangriffspakt 1934

Inzwischen war das Deutsche Reich am 14. Oktober 1933 aus dem Völkerbund ausgetreten und hatte die Genfer Abrüstungskonferenz verlassen, um statt sich weiterhin unterordnen zu müssen, unbeschränkt aufrüsten zu können. Daraus resultierte, dass das Deutsche Reich in der internationalen Politik als der Übeltäter galt, der den Frieden gefährdete und Hitler gezwungen war, diesen außenpolitisch problematischen Ruf wieder zu konsolidieren. Die Dokumentation dieser Strategie waren die Vorlagen von Nichtangriffspakten an den französischen Botschafter am 24. November 1933 und an Polen am 28. desselben Monats. Da Hitlers Forderungen nach wie vor überzogen und so für die beiden potentiellen Partner nicht anzunehmen waren scheiterte dieses Vorhaben. Die hauptsächlichen Gründe dafür waren Hitlers darin formulierter Wunsch nach einer neuen Debatte über den deutsch-polnischen Grenzverlauf und die, selbst im Vergleich zu Polen, sehr stark totalitäre Herrschaftsform.[11]

Unter dem Eindruck der Zurückweisungen seiner anfänglichen Forderungen war Hitler gezwungen, diese erst einmal in den Hintergrund treten zu lassen, sprich diese Wünsche aus

---

[9] Vgl. SCHMIDT, Rainer F.: Die Aussenpolitik des Dritten Reiches 1933-1939, Stuttgart 2002, S. 148.
[10] Vgl. SCHMIDT, Rainer F., 2002, S. 149.
[11] Vgl. KELLERMANN, Volkmar, 1970, S. 165 ff. .

den Verhandlungsgesprächen auszuklammern. Jozef Lipski, ein Vertrauter des polnischen Außenministers Ludwig Beck und polnischer Botschafter in Berlin, erhielt infolge dessen am 9. Januar 1934 alle notwendigen Befugnissen zur Unterzeichnung eines solchen Vertrages. Als der auf zehn Jahre befristete Vertrag am 26. Januar unterzeichnet wurde, war sich die polnische Seite im Klaren darüber, dass Hitlers Ziel früher oder später die Sowjetunion sein würde. Für Hitler war dieser Vertrag ein erster Erfolg, denn so wurde die deutsche Minderheit in Polen vor weiteren Repressalien geschützt, Hitler hatte nun mit Polen einen *Puffer* zwischen sich und der Sowjetunion gewonnen, war einem Präventivkrieg, gerade mit eventueller Beteiligung Frankreichs, endgültig aus dem Weg gegangen und es war die erste Bestätigung seiner neuen Strategie der bilateralen Abkommen außerhalb des multilateralen Völkerbunds und der Genfer Konferenz.[12]

Infolge dieses Nichtangriffspaktes fanden im Jahr 1934 zudem auch wirtschaftliche Verhandlungen statt, welche zunächst in die Abschaffung der hohen Einfuhrzölle aus Zeiten der Weimarer Republik am 7. März und im Oktober in ein Wirtschaftsabkommen zwischen beiden Staaten mündeten. Weiterhin waren eine direkte Flugverbindung zwischen Berlin und Warschau und Erleichterungen für die deutsche Minderheit in Polen begrüßenswerte Folgen dieser Annäherung.

2.4. Die Jahre 1935-1937

Die auf 1934 direkt folgenden Jahre waren mit Sicherheit von großer Bedeutung für den Weg in den Krieg und dessen komplexe Erklärung, jedoch möchte ich diese nur sehr kurz umreißen, da während dieser Zeit keine maßgebliche Veränderung der deutsch-polnischen Beziehungen vorliegt und alles andere auch den Rahmen dieser Arbeit sprengen würde.

Ingesamt kann man davon sprechen, dass das wahre Handlungsvermögen des Völkerbunds durch verschiedene Ereignisse und Brüche offen gelegt wurde. Beispielsweise griff Italien 1935 das Völkerbundmitglied Abessinien an und annektierte dasselbe im Jahr darauf. Dort, wie auch im spanischen Bürgerkrieg, unterstützte das Deutsche Reich das faschistische bzw. rechte Lager, um eigene politische Interessen durchzusetzen, sich Verbündete zu verschaffen und nicht zuletzt um Waffen für den späteren *Ernstfall* zu testen. Entscheidend, auch für weitere politisch-taktische Entscheidungen des Deutschen Reiches bezüglich des polnischen Territoriums ist hierbei die Erkenntnis der deutschen Führung, dass die großen westeuropäischen Demokratien in beiden Fällen passiv blieben. Dies nährte zusätzlich die

---

[12] Vgl. WENDT, Bernd Jürgen, 1995, S. 394.

Hoffnung Hitlers, dass einer deutschen Aggression im Osten keine Eröffnung der zweiten Front im Westen folgt.[13]

2.5. Die Folgen der Münchner Konferenz 1938

Im Lauf des Jahres 1938 forcierte Hitler den Druck auf die Tschechoslowakei, indem er die sudetendeutsche Mehrheit zu öffentlichen Protesten und unerfüllbaren Forderungen an die dortige Regierung animierte und wollte so seinen Gebietsansprüchen auf das Sudetenland weiteren Nachruck verleihen. Die mitteleuropäischen Großmächte Italien, Großbritannien, Frankreich und das Deutsche Reich kamen darauf am 29. und 30. September desselben Jahres in München zusammen, wo über das weitere Schicksal des genannten Gebietes befunden werden sollte. Entgegen der Überlegungen Hitlers, dieses Gebiet im *Alleingang*, einzunehmen, drängte sich Großbritannien geradezu auf, den Wünschen des Reiches zu entsprechen, um dieses zu beschwichtigen. Nach der beschlossenen Angliederung des Sudetenlandes vom 1. bis 10. Oktober, stellte sich schnell heraus, dass der *Hunger* des Reiches, entgegen allen vorangegangenen Bekräftigungen, nie *gesättigt* werden konnte. Daraufhin stellte Polen ein Ultimatum an die Tschechoslowakei, dass das Olsa- Gebiet abzutreten sei. In der Weltöffentlichkeit hatte dies einen enormen Ansehensverlust Polens zur Folge. Die Einverleibung dieses Gebietes wurde als eine Kopie der deutschen Methoden angesehen und wurde oft sogar als noch verwerflicher wahrgenommen, da die Tschechoslowakei bereits von Hitler zerschlagen wurde.[14] Dieses Verhalten führte zu einer Verschlechterung des Verhältnisses der „Schutzmacht" Frankreich zu Polen. Im Umkehrschluss bedeutete das eine automatische Annäherung an das Deutsche Reich. Wenig später, am 24. Oktober 1938, unterbreitete der deutsche Außenminister Joachim von Ribbentrop dem polnischen Botschafter Jozef Lipski den Vorschlag, die deutsch-polnische Grenze zu akzeptieren und den Nichtangriffspakt von 1934 auf weitere 25 Jahre zu verlängern. Im Gegenzug sollte Polen Danzig, sowie den Korridor abgeben, quasi als Gegenleistung für das Überlassen des Olsa- Gebietes.

Der Haken an diesem Angebot war eine so genannte „Konsultationsklausel", welche bedeutet hätte, dass Polen zustimmte, seine Außenpolitik künftig mit Berlin abzustimmen. Zudem war von einem Beitritt Polens in den Kominternpakt die Rede. Nach der Einverleibung des Olsa-Gebietes durch Polen, hätte die Annahme eines solchen Vorschlages die endgültige Isolierung vom Westen und von Frankreich im Speziellen bedeutet und war deshalb für die polnische

---

[13] Vgl. RECKER, Marie-Luise, 1990, S. 12 ff. .
[14] Vgl. ZERKO, Stanislaw: Der Schakal im Adler, in: Polityka, letzte Aktualisierung: 21.1.2009, URL: < http://www.polityka.pl/der-schakal-im-adler/Lead30,1783,280507,18/>, Zugriff am: 7.9.2009.

Regierung nicht annehmbar. Um das Deutsche Reich hinzuhalten bzw. nicht zu verärgern, machte man ein Gegenangebot, welches jedoch lediglich die Erleichterung des Transportes durch den Korridor sowie leichte Verbesserungen bezüglich Danzigs einschloss.

Diese Verhandlungen fanden unter einem regen diplomatischen Austausch beider Staaten statt, währenddessen das Deutsche Reich nie seine potenzielle Gewaltbereitschaft erkennen ließ. Hitler gab schon am 24.11.1938 dem Oberkommando der Wehrmacht „die Weisung, „bis zum 10. Januar 1939 einen Plan für eine handstreichartige Besetzung Danzigs auszuarbeiten".[15] Im Januar 1939 bemühte sich das Reich aber weiterhin diplomatisch um Polen, was sich in regelmäßigen Treffen von Spitzenpolitikern beider Seiten ausdrückte.

Die für den weiteren Verlauf entscheidende Zäsur in der deutschen Außenpolitik fand am 15.3.1939 mit Hitlers „Griff nach Prag" statt, nachdem er unter Androhung militärischer Operationen den tschechoslowakischen Staatspräsidenten Hacha zur Anerkennung des Protektorat Böhmen und Mähren und Slowakei gezwungen hatte. Offiziell trat dies am 16., bzw. 23. März in Kraft. Die Reaktion der Briten kam für Hitler unerwartet, denn bereits am 17. März verkündete Chamberlain das Ende seiner Appeasement- Politik.[16] Unerwartet deshalb, weil Chamberlain an und für sich immer noch für eine zurückhaltende, sich an Deutschland annähernde Politik betreiben wollte, er aber nach dem deutschen Abkommensbruch auf heftigen Widerstand im Parlament stieß. Sowohl die Konservativen um Winston Churchill, als auch die Labour-Opposition und Halifax waren deutlich entschlossener, was eine Deutschland einschränkende Reaktion betraf.[17]

Polen wurde daraufhin hellhörig und entsandte seinen Botschafter Graf Edward Raczynski zum britischen Foreign Office, das Auswärtige Amt. Dieser überbrachte den Vorschlag seines Außenministers Beck, dass Großbritannien für Konsultationen, im Fall einer Bedrohung Polens durch Deutschland, bereitstehen würde. Dass Großbritannien wenige Tage darauf dieses Angebot auch schließlich annahm, lag auch daran, dass man seinen Einfluss in Osteuropa nicht verlieren wollte und Polen nicht widerstandslos Deutschland überlassen wollte.[18] Für Polen bedeutete dies, zusätzlich unter dem Eindruck der Unzuverlässigkeit Hitlers, dass man am 26. März das Angebot des Deutschen Reiches aus dem Herbst 1938 endgültig ablehnte. An diesem Tag überreichte Lipski Ribbentrop ein Memorandum seiner

---

[15] WENDT, Bernd Jürgen: Danzig, in: FUNKE, Manfred(Hrsg.): Hitler, Deutschland und die Mächte. Materialien zur Außenpolitik des Dritten Reiches, Düsseldorf 1978, S. 792.
[16] Vgl. OVERESCH, Manfred/ SAAL, Friedrich Wilhelm, 1991, S. 514.
[17] Vgl. BLOCH, Charles: Das Dritte Reich und die Welt. Die deutsche Außenpolitik 1933-1945, Paderborn 1993, S. 254f.
[18] Vgl. SCHMIDT, Rainer F., 2002, S. 321.

Regierung, in dem diese Position noch einmal schriftlich festgehalten wurde.[19] Hitlers ursprünglicher Plan, Polen als Satellitenstaat bzw. *Aufmarschgebiet* zu benutzen bzw. sich durch Polen den Rücken gegenüber der Sowjetunion freizuhalten, musste nun als gescheitert angesehen werden. Die Alternative dazu war enorm gegensätzlich und drastisch zugleich. Hitler wollte Gebiete Polens ursprünglich auf diplomatischer Ebene, nun aber war er zu militärischen Mitteln gezwungen, denn eine solche nicht-deutsche Zone hielt Hitler für unbedingt notwendig für einen Aufmarsch gegen die Sowjetunion.[20]

Hitler plante Polen früher oder später anzugreifen und musste bis zu diesem Zeitpunkt auch nicht zwingend mit einer militärischen Reaktion der Westmächte rechnen, deren Verhalten stark unter dem Einfluss der Appeasement- Politik des britischen Premierministers Neville Chamberlain stand. Wenn man von der Beibehaltung dieses Kurses bei einem weiterhin moderat aggressiven Kurs des Deutschen Reiches ausgeht, schaufelte sich Hitler sozusagen durch den *Griff nach Prag* sein eigenes Grab. Unter dem Eindruck des Bruchs des Münchner Abkommens sprach Chamberlain am 31. März eine staatliche Unabhängigkeitsgarantie gegenüber Polen aus. Eine entscheidende Bedeutung für die letztendliche Entscheidung zu diesem Schritt hatte auch die Tatsache gespielt, dass diese Garantie unmissverständlich für Hitler bedeuten musste, dass ein Angriff auf Polen einen Zweifrontenkrieg für das Deutsche Reich bedeuten würde.[21]

Diese Garantie gab Hitler den Anlass, nicht nur am 3. April an das Oberkommando der Wehrmacht die Anweisung zu geben, einen Kriegsplan gegen Polen auszuarbeiten, sodass der Angriff im *Fall Weiß* am 1. September desselben Jahres möglich sein sollte[22], sondern auch, um am 28. April eine große Rede vor dem Reichstag zu halten, in der er sowohl den Nichtangriffspakt mit Polen, als auch das Flottenabkommen mit Großbritannien von 1935 kündigte, da die beiden Staaten durch diese neue Kooperation die bestehenden Verträge verletzt hätten.[23] Das deutsch-polnische Verhältnis hatte nun also einen absoluten Tiefpunkt erreicht, der später noch einmal einen neuen Tiefststand erreichen sollte.

2.6. Der Hitler-Stalin-Pakt 1939

Eines musste Hitler klar gewesen sein: War Polen bezwungen, stünde er Stalins Sowjetunion direkt gegenüber und es bestand die große Gefahr, dass dieses sich durch ein gerade siegreich gewesenes deutsches Heer akut bedroht fühlt und seinerseits zu den Waffen greift. Hitler

---

[19] Vgl. OVERESCH, Manfred/ SAAL, Friedrich Wilhelm, 1991, S. 518.
[20] Vgl. SCHMIDT, Rainer F., 2002, S. 316.
[21] Vgl. SCHMIDT, Rainer F., 2002, S. 316ff.
[22] Vgl. SCHMIDT, Rainer F., 2002, S. 322.
[23] Vgl. BLOCH, Charles, 1993, S. 257.

wollte nach einem schnellen Sieg über Polen keinen Krieg mit der Sowjetunion provozieren, da mit einem Eintreten der Westmächte zumindest zu kalkulieren war. England und Frankreich wiederum warben um die Gunst Russlands, um ein noch stärkeres Druckmittel zur Einschüchterung des Dritten Reiches zu besitzen. Nicht nur, weil der Verhandlungsführer der Westmächte Sir William Strang, Leiter des Central Departments im Foreign Office, nicht sehr hochkarätig war, sondern auch, weil die sowjetische Führung in der Zusammenarbeit mit Hitler den größeren Nutzen sah, entschied man sich in Moskau, mit Hitler ein Bündnis einzugehen. Entscheidend für diese Entscheidung spielten auch die Tatsachen, dass Hitler nicht an ein pluralistisches System verschiedener Staaten und Bündnisse gebunden war und jederzeit frei und egoistisch entscheiden konnte, sowie, dass die Sowjetunion einem Zweifrontenkrieg mit Japan somit aus dem Weg ginge.[24] Als die notwendigen Verhandlungen und Vorgespräche geführt waren, reiste Außenminister Ribbentrop mit allen notwendigen Vollmachten und Anweisungen Hitlers nach Moskau, um dort in der Nacht vom 23. zum 24. August 1939 zusammen mit seinem russischen Amtskollegen Molotow den entsprechenden Nichtangriffspakt zu unterzeichnen.[25] Die entscheidende Vereinbarung, Polen betreffend, ist das geheime Zusatzprotokoll dieses Nichtangriffspaktes, welches „eine Teilung Polens entlang der Flüsse Narew, Weichsel und San" enthält.[26] Das Schicksal Polens und dessen vierte Teilung waren somit besiegelt.

2.7. Die letzten Tage Polens bis zum 1.9.1939

Als Chamberlain allein von der Neuigkeit erfuhr, dass eine deutsch-sowjetische Einigung kurz bevor stand, ließ er Hitler am 22. August einen Brief zukommen, in dem er noch einmal seine Vertragstreue gegenüber Polen zusicherte und Deutschland aufforderte, Verhandlungen mit Polen zu führen. Das eigentliche Ziel des Hitler-Stalin-Paktes, die beiden verbleibenden europäischen Großmächte abzuschrecken, wurde an diesem Tag auch durch die französische Seite zerschlagen, denn am selben Tag wie Chamberlain bestätigte auch Frankreich seine Bündnistreue zu Polen.[27]

Nach der der britischen Garantie an Polen vom März war dies das endgültige Signal an Hitler, dass die frühere Appeasement- Politik keinesfalls ein Zeichen der Schwäche des Empires war. Hitler, der schon längst auf einen sehr baldigen Angriff auf Polen abzielte, forderte darauf erneut Danzig und den Korridor, obwohl die Erfüllung dieser Forderung gleichsam

---

[24] Vgl. SCHMIDT, Rainer F., 2002, S. 336f.
[25] Vgl. BLOCH, Charles, 1993, S. 271.
[26] SCHMIDT, Rainer F., 2002, S. 341.
[27] Vgl. SCHMIDT, Rainer F., 2002, S. 347.

unwahrscheinlich und wirklich von Hitler gewollt war. Doch unbeeindruckt von Hitlers Forderungen und Drohungen unterzeichnete Chamberlain am 25. August den britisch-polnischen Vertrag, einen Beistandspakt, der beiden Seiten die auch militärische Hilfe des anderen zusicherte. Die plötzliche Entschlossenheit der Briten überraschte Hitler, der im Inneren eigentlich schon längst auf Krieg eingestellt war und unter keinen Umständen *wirklich* eine diplomatische Lösung suchte. Den Krieg gegen Polen wollte er sofort, da mit einer vollwertigen französischen Streitmacht erst in zwei bis drei Jahren zu rechnen sei und auch die deutsche Rüstungsindustrie, mit all ihren Krediten an die deutsche Regierung, auf Rückzahlungen von Geldern angewiesen war, an die sie früher oder später ausschließlich durch militärische Erfolge des Reiches gelangte.[28]

Trotz des nicht erwünschten Erfolges seines Paktes mit Russland, bemühte sich Hitler nun umso stärker um einen baldigen Kriegsbeginn. Schon am Vormittag des 25. August versicherte er sich mit einem letzten Brief der Treue des Stahlpartners Italien und gab 15:02 Uhr den Befehl um 4:30 Uhr am Morgen des nächsten Tages anzugreifen. Als der Krieg nur wenige Stunden bevorstand, kam um 6 Uhr abends die Absage Mussolinis aus Rom, der schmerzlich beteuerte, dass Italien noch nicht bereit für den Krieg sei. Hitler, der sichtlich verärgert war, bat Mussolini darauf sofort, ihm seine präzisen Forderungen zukommen zu lassen. Italiens Antwort am nächsten Morgen ließ keine Zweifel, dass Italien bei weitem nicht kriegsbereit war, aber große Zweifel, ob es dazu willig. Darauf nahm Hitler den Angriffsbefehl vorerst zurück. Hitlers Ziel, sich friedenswillig zu präsentieren und Polen als Kriegsauslöser zu gebrauchen scheiterte am 28. August. Bis dahin hatten sich die Polen zuerst von Deutschland abgewendet, das seine Forderungen zumindest immer diplomatisch gestellt hatte. Als Henderson, der britische Botschafter, an diesem Tag einen deutsch-britischen Pakt, der nur die Interessen der beiden Staaten gesichert hätte, ablehnte, übermittelte er außerdem, dass Polen für Verhandlungen mit dem Reich offen sei. Die Annahme dessen durch Hitler war eine Farce, denn der Angriffstermin, der 1. September stand längst fest[29] und die SS hatte in den letzten Tagen des Augusts damit begonnen, für Grenzzwischenfälle, aber auch für Unruhen in Danzig zu sorgen. Die *entscheidende* Provokation für Hitler war der ebenfalls von SS-Leuten verübte Anschlag auf den Sender Gleiwitz in Schlesien, der in polnischen Uniformen durchgeführt wurde.[30]

Der Rest der Geschichte ist bekannt. Der europäische Krieg, der Ende 1941 zu einem Weltkrieg werden sollte, brach am 1. September 1939 um 5:45 Uhr mit dem deutschen

---

[28] Vgl. BLOCH, Charles, 1993, S. 272ff.
[29] Vgl. SCHMIDT, Rainer F., 2002, S. 349ff.
[30] Vgl. BLOCH, Charles, 1993, S. 277.

Angriff auf Polen aus. Polen war diesem deutschen Angriff bei weitem nicht gewachsen und schon nach einigen Tagen im Prinzip geschlagen. Am 6. Oktober kapitulierten auch die letzten polnischen Landtruppen.

Zusammenfassung

Insgesamt muss man sagen, dass Polen, von vornherein in einer territorial ungünstigen Lage, ähnlich wie das Deutsche Reich war. Anders als die kleineren bzw. militärisch schwächeren europäischen Staaten, lag es direkt zwischen den Fronten, zwischen denen der Krieg ausbrach. Man könnte fast sagen, dass ein Einmarsch bzw. eine Zerschlagung Polens im Falle eines Krieges unumgänglich war. Das soll nicht den deutschen Angriff rechtfertigen, keinesfalls. Festzuhalten ist aber, dass bei aller diplomatischen Anstrengung der polnischen Regierung, auch wenn diese ohne Fehler gewesen wäre, ein deutscher Angriff, aus taktischer und rassenideologischer Sicht Hitlers, von vornherein nicht zu verhindern war. Aus ideologischer Sicht, weil das polnische Territorium im erweiterten Sinn *„Lebensraum im Osten"* war und aus taktischer Sicht, weil Hitler ein Aufmarschgebiet, aber auch zusätzliche Rohstoffquellen zu Beginn des Krieges als notwendig ansah.

Die Abgabe des Korridors und Danzigs hätte keinen nachhaltigen Effekt gehabt, im Gegenteil. Die polnische Führung hätte auch das eigene Volk gegen sich aufgebracht. Wie man am Beispiel der Tschechoslowakei sah, ging es Hitler bei weitem nicht ausschließlich um die Revision der Verträge von Paris nach dem Ersten Weltkrieg, denn er annektierte auch den restlichen Teil Tschechiens.

Weiterhin muss man sagen, dass an die deutschen Forderungen nach diesen Gebieten 1938 die Konsultationsklausel gebunden war, in der Polen zugestimmt hätte, seine Außenpolitik künftig mit Hitler abzustimmen. Dies und die angesprochenen Gebietsabtretungen hätten einen Verlust der polnischen Unabhängigkeit bedeutet und waren somit für die polnische Führung keinesfalls zu akzeptieren.

Auch die besondere Aggressivität Hitlers und diese unwahrscheinliche Dreistigkeit, wie beim Beispiel des Überfalls auf den Radiosender, waren in der internationalen Politik neu und auch Polen wusste nicht, wie mit dieser Situation umzugehen sei. Deshalb, und weil Hitler immer wieder den *Wolfspelz* mit dem *Schafspelz* tauschte, war Hitlers Kurs bis zum Ende, nicht nur für Polen, kaum einsehbar.

Trotz aller Friedensbemühungen Großbritanniens und Polens bis zum Schluss muss man klar herausstellen, dass ein solch gewaltbereiter Alleinherrscher wie Hitler, dessen Ideologie von Grund auf darauf abzielte, zunächst Gebiete im Osten zu gewinnen und später gar die USA zu bezwingen, nicht aufzuhalten war. Sicher kann man im nachhinein sagen, dass Hitlers eigentliches Ziel früh zu erkennen war, doch alle anderen Staaten glaubten an den Frieden und erkannten Hitlers falsche friedensliebende Politik nicht, die er immer wieder einer außenpolitischen Aggression folgen ließ. Letzten Endes taktierten primär die europäischen Großmächte mit einem Risiko, dass zunächst einmal nur *Polen* trug.

Literaturverzeichnis:

Bücher:

BLOCH, Charles: Das Dritte Reich und die Welt. Die deutsche Außenpolitik 1933-1945, Paderborn 1993.

KELLERMANN, Volkmar: Schwarzer Adler Weißer Adler. Die Polenpolitik der Weimarer Republik, Köln 1970.

OVERESCH, Manfred/ SAAL, Friedrich Wilhelm: Das III. Reich 1933-1939. Eine Tageschronik der Politik- Wirtschaft- Kultur, Augsburg 1991.

RECKER, Marie-Luise: Die Außenpolitik des Dritten Reiches, München 1990.

SCHMIDT, Rainer F.: Die Aussenpolitik des Dritten Reiches 1933-1939, Stuttgart 2002.

WENDT, Bernd Jürgen: Danzig, in: FUNKE, Manfred(Hrsg.): Hitler, Deutschland und die Mächte. Materialien zur Außenpolitik des Dritten Reiches, Düsseldorf 1978.

WENDT, Bernd Jürgen: Deutschland 1933-1945. Das „Dritte Reich" - Handbuch zur Geschichte, Hannover 1995.

Internetquellen:

ZERKO, Stanislaw: Der Schakal im Adler, in: Polityka, letzte Aktualisierung: 21.1.2009, URL: < http://www.polityka.pl/der-schakal-im-adler/Lead30,1783,280507,18/>, Zugriff am: 7.9.2009.